PASTOR POTTERS PUNKTE

Ellis Potter

Verlag: Destinée Media
www.destineemedia.com
Englischer Originaltitel: Pastor Potter's Points
Umschlag und Innenteil: Istvan Szabo, Ifj.
Formatierung: Istvan Szabo, Ifj.
Aus dem Amerikanischen von Markus Thiel und Ralf Hadersberger
Alle Rechte liegen beim Autor.
ISBN: 978-1-938367-63-2

Kapitelverzeichnis

Zuversicht und Vertrauen

In Stress- und Krisenzeiten wie dem Jahr 2020 mit der Corona-Virus-Pandemie fällt Vertrauen schwer. Regierungen machen Fehler, jeder, den wir treffen, könnte uns infizieren, unser Online-Leben wird von Menschen kontrolliert, die ihre eigene Agenda verfolgen. Weder sehen noch verstehen wir alle Details. Aber in Gottes Person können wir das große Bild und Seine Verheißungen sehen. Er verheißt uns, uns zu bewahren, damit uns nichts von Ihm trennen kann. Aus dem Blickwinkel von Gottes ewigen Verheißungen erhalten all die verwirrenden und stressigen Einzelheiten unseres Lebens ihre wahre Be-deutung. Richte deine Augen auf Jesus. Denke an Seine Macht und Treue und finde Frieden.

Einleitung

Dieses Buch nahm seinen Anfang in täglichen E-Mails, die während der Schließungen anlässlich der Corona-Virus-Krise im Jahr 2020, als man sich nicht persönlich treffen konnte, an die Kirche in Lausanne in der Schweiz geschickt wurden, für die ich Pastor bin. Jede E-Mail enthielt Bibelverse für das gemeinsame Lesen sowie einen pastoralen oder seelsorgerlichen Punkt oder Impuls. In diesem Buch wurden die Punkte gesammelt.

Die Punkte stammen meistens original von mir, manche habe ich woanders gelesen und an meine Perspektive oder Anwendung angepasst. Sie können für die tägliche Meditation verwendet werden, oder für Diskussionsgruppen in jeder beliebigen Reihenfolge und Zusammenstellung.

Das Buch enthält 100 Punkte mit [im amerikanischen Original] je 100 Worten auf 100 Seiten. Man kann für drei Monate jeden Tag eine Seite lesen und dann wieder von vorn beginnen.

Die Punkte sind in ihrer Bedeutsamkeit, Breite und Tiefe nicht gleich. Je nach eigener Verfassung und Situation können unbedeutendere Punkte am Wichtigsten sein. Die Punkte sind sehr kurz, und man müsste sie weiter ausführen. Es sind Anfangspunkte.

Die Punkte wurden komprimiert, damit sie je in einen Paragraphen mit ungefähr 100 Worten passen. Sie sollten wie ein Prosagedicht oder erweitertes Haiku gelesen werden.

Viele diese Punkte entstanden, weil Menschen Fragen gestellt haben. Manche der Punkte sind Ihnen vielleicht bekannt oder selbstverständlich. Manche sind vielleicht neu.

Nicht jeder wird mit allen Punkten übereinstimmen. Machen Sie sich keinen Stress, denken und beten Sie einfach darüber. Oder schreiben Sie über das gleiche Thema einen besseren. Zahlreiche Punkte basieren auf einer Bibelarbeit, allerdings wurden die Bibelstellen nicht aufgeführt, da es oft zu viele wären. Die Punkte sind biblisch, aber nicht sehr konfessionell oder politisch orientiert.

Ein paar dieser Punkte werden auch in meinen anderen Büchern behandelt.

Ellis Potter, Basel 2020

Apologetik als Liebe

Die Menschen müssen erfahren, dass das Evangelium der einzige vollständig rationale und akkurate Weg ist, die Wirklichkeit zu verstehen. Noch grundlegender müssen sie von der Blindheit befreit werden, um ihre eigene Sünde zu erkennen und ihr Bedürfnis für Gott. Unsere Apologetik sollte von Liebe angetrieben sein und Menschen zu dieser Freiheit hin ermutigen. Gebe Gott, dass wir bereit sind Antworten zu geben und dass unser Herz weich ist um die zu lieben, denen wir antworten. Amen.

Authentizität

Authentisch bedeutet echt oder glaubwürdig. Eigentlich bedeutet es „aus dem Selbst kommend", so wie in Autogramm oder Autobiographie. Nur Gott kommt aus sich selbst. Jeder und alles andere beginnt bei Gott und nicht aus sich selbst. Wenn etwas oder jemand „selbstreferentiell" ist, hat das keine Bedeutung, denn Bedeutung bedeutet Beziehung. Wenn nun Gott das SELBST ist, welches alles andere bedingt, dann gibt es keine Bedeutung außer in Beziehung zu Ihm. Möge Gott uns helfen den Druck loszulassen, uns selbst zu erfinden, und ihn an Jesus abzugeben, der ihn vollkommen ertragen und aushalten kann. Amen. Empfange dein wahres Selbst von Jesus.

Autorität

Autorität ist die Macht, die Wirklichkeit zu beschreiben, so wie ein Autor die Wirklichkeit seines Buches beschreibt. Alle Autorität kommt von Gott, dem Autor der Wirklichkeit. So wie Kinder ihre Eltern brauchen, die für sie beschreiben, wann es zu Bett geht, was es zu Essen gibt und wo man sicher spielen kann, brauchen wir Gott, damit Er für uns die Wirklichkeit beschreibt. Er tut dies durch die Bibel und durch den Heiligen Geist. Autorität wirkt in den Beziehungen Gott-Mensch, Eltern-Kind, Regierung-Bürger, Ehemann-Ehefrau, Arbeitgeber-Arbeitnehmer, Älteste-Kirchenmitglieder und anderen. Alle Beziehungen sind durch die Sünde gestört. Freiheit entsteht durch Beten und Streben nach gesunden Beziehungen, nicht durch die Abschaffung von Autorität. Bete für diejenigen, die Autorität haben.

Becher kalten Wassers

Einen Becher kalten Wassers einem Geringen in Jesus zu trinken zu geben, wird belohnt werden. Diese Geringen sind dauernd um uns herum, besonders wenn das Leben der Menschen beschränkt und isoliert ist. Es gibt viele unterschiedliche Arten von Bechern kühlen Wassers: eine E-Mail, ein Anruf, eine Ermutigung, einkaufen gehen, ein Besuch oder helfen ein Haushaltsbudget zu erstellen, damit man mehr Kontrolle über die Finanzen in diesen unsicheren Zeiten hat. Der Herr wird dir zeigen, welches deine Becher sind, die du geben kannst. Gib so viel wie du kannst, mit Freude, und investiere in deinen ewigen Schatz und deine Krone. Du wirst für immer froh sein.

Bedürfnis

Unabhängigkeit ist ein grundlegender Wert unserer Zeit. Uns wird beigebracht, dass wir uns selbst erfinden und alles sein können, was wir wollen. Ein weit verbreitetes Prinzip besagt, dass man niemanden heiraten soll, den man braucht. Wir sollen unabhängig sein und selbstgenügsam. Das führt dazu, dass Menschen einander nicht wertschätzen, und wenn der Spaß abflaut, entsteht Verachtung. Gott hat die Menschen so geschaffen, dass sie Ihn und einander brauchen, besonders in der Ehe. Christen sollten klare Bereiche identifizieren, in denen sie Bedürfnisse haben, und Gott danken, wenn er ein paar dieser Bedürfnisse durch den Ehepartner befriedigt. Gott hilf uns einander zu dienen und voneinander abhängig zu sein. Amen.

Beichte

Das Beichten unserer Sünden, sowohl im Einzelnen als auch Allgemeinen, und das Empfangen von Gottes Vergebung und Reinigung, ist für das Leben eines Christen essentiell. Denke jeden Tag daran, deine Sünden, die bewussten und unbewussten, zu Gott zu bringen um Vergebung und Reinigung durch das Blut Jesu zu erhalten. Dadurch werden wir frei von dem verstopfenden Müll in unserem Leben und können von neuem beginnen. Wir sind dadurch eher in der Lage, Gottes Segen, Seine Führung und Ermächtigung zu erhalten, um anderen zu dienen und sie zu segnen. Wenn Gott dir vergeben hat, dann vergib dir selbst und geh weiter. Halte nicht an falscher Schuld fest. Mache dies zu einer täglichen Gewohnheit, alleine oder mit anderen.

Besonders und gewöhnlich

Jeder von uns hat ebenso besondere oder einzigartige Erfahrungen und Erlebnisse in seinem Leben wie auch gewöhnliche. Besondere Erfahrungen wie Träume, Visionen, Heilungen, Treffen in einer großen Gruppe, sind ermutigend und prägen sich tief ein, können aber in der Regel nicht wiederholt werden. Gewöhnliche Dinge wie Disziplin, Gebetsgewohnheiten, den Sünden Anderer mit Liebe zu begegnen, das grundlegende Raster unserer Weltanschauung, geben unserem Leben und der Welt Ordnung, einen Rahmen und Struktur. Sowohl das Besondere als auch das Gewöhnliche sind essentiell und müssen miteinander beachtet und koordiniert werden. Zusammen ergeben sie eine ganzheitliche und klare Sicht der Welt und unseres Lebens.

Beten in Jesu Namen

"Name" ist hier weniger ein Etikett, sondern bezeichnet Charakter, Wesen oder Leumund. Es ist nicht falsch, den Namen von Jesus an das Ende eines Gebetes als Form einer rituellen Anrufung zu setzen, aber damit kann man den biblischen Sinn verfehlen. Wenn wir in Seinem Namen beten, denn beten wir in Seinem Charakter, Königreich, Willen und in Seinen Prinzipien. In Seinem Namen zu bitten bedeutet das zu erbitten, was Er für uns haben möchte. Dann können wir gewiss sein, dass Gott uns geben wird, worum wir bitten. Wir brauchen den Heiligen Geist, um uns zu lehren, wie man beten.

Betet ohne Unterlass (Pray Constantly)

Wie beten wir ohne Unterlass? Wenn wir andauernd zu Gott sprechen, können wir mit niemand anders mehr reden. Vielleicht kann man das mit der Situation in der Schule oder in der Arbeit vergleichen. Wir reden nicht andauernd mit unserem Lehrer oder Boss, aber sie sind im Zimmer und alles, was wir tun, hat irgendwie mit ihnen zu tun. Sie sind für uns eine Referenz und eine Richtschnur. Gott ist immer im Zimmer und er ist der Boss. All unser Denken, Handeln und Interagieren kann mit Gott in Beziehung stehen und eine feste und ewige Bedeutung haben.

Biblische Prinzipien und ihre Anwendung

Viele Menschen fragen, ob die Bibel heutzutage „relevant" ist. Die Prinzipien der Bibel sind ewig wahr. Die Anwendung dieser Prinzipien ist kulturabhängig. So hat Jesus zum Beispiel seine Jünger gelehrt, einander die Füße zu waschen. Das Prinzip dahinter ist demütiges, tägliches praktisches Dienen. In den meisten Kirchen heute ist das Füße Waschen auf eine einmalige jährliche Zeremonie beschränkt, und somit ist das Prinzip verloren gegangen. Eine bessere Anwendung in unserer Zeit wäre „einander das Geschirr zu waschen". Wir sollten nicht fragen, wie die Bibel für unsere Kultur relevant ist, sondern wie unsere Kultur für die Bibel relevant ist. Passe nicht die Bibel an dein Leben an, sondern passe dein Leben an die Bibel an.

Bittet in Jesu Namen

Jesus versprach uns, dass wir alles erhaltet werden, worum wir in Seinem Namen bitten. „Name" steht hier nicht für ein Etikett oder ein Zauberwort. Es steht für Wesen, Charakter und Willen Jesu. Wenn wir um irgendetwas bitten, was wir für gut halten, und den Namen Jesus anhängen, ist das Versprechen nicht gültig. In Seinem Namen um etwas bitten bedeutet um das zu bitten, was Er für uns will. Warum sollte Gott uns etwas geben, was wir nicht haben sollen? Es würde uns nicht segnen. Das Ziel des Bittens ist die Beziehung zu Gott und Jesus ähnlicher zu sein.

Das Blut Jesu

In einer sündhaften Welt, vom Staub des Todes bedeckt, leben wir durch den Tod anderer. Gott hat uns die Tiere gegeben, die während der gesamten Menschheitsgeschichte zu unserer Nahrung, Kleidung und Schutz starben. Das Blut dieser Tiere zeigt auf das Blut Jesu, das unser gebrochenes Selbst und die ganze gebrochene Welt zusammenklebt. Jesus liebte uns so sehr, dass er Sein Blut für uns gab, damit wir neues Leben haben und für immer mit Ihm und miteinander in Gottes Königreich sein können. Unser Leben ist für Gott wertvoll und schön. Wir sollten auf uns Acht geben, indem wir füreinander sorgen und einander dienen.

Das Böse

Gut und Böse sind keine gleichwertigen Gegensätze. Gut ist ursprünglich, und böse ist eine Verzerrung oder Fälschung. Das Böse kann nicht existieren ohne das Gute, aber das Gute existiert ohne das Böse. Das Böse erscheint auf Weisen, die wir fürchten und hassen. Das Böse ist gefährlicher, wenn es für uns anziehend wirkt. Das Böse ermuntert uns an ihm Anteil zu haben und es in uns hineinzulassen, so dass wir böse werden. Das Böse lehnt das ab, was Gott uns gibt, und versucht uns selbst zu erschaffen nach unseren eigenen Vorstellungen. Das Böse ist besiegt und durch den Sieg am Kreuz verschlungen worden. Führe uns nicht in Versuchung, sondern erlöse uns von dem Bösen.

Christliches Zuhören und Lesen

Von Anfang an waren Christen manchmal nachlässige Leser und Zuhörer. In Johannes 21,22-23 fragte Jesus den Petrus, was es ihn anginge, wenn Johannes bis zur Wiederkunft Jesu nicht sterben würde. Die Menschen erzählten daraufhin, dass Johannes nicht sterben würde. Es ist zwar aufregend und dramatisch, derartiges zu sagen, aber es kann zu Verwirrung, Enttäuschung und Spannungen führen. Bemühe dich, das zu lesen und zu hören, was tatsächlich da ist, und nicht das, was aufregend ist oder etwas Bestimmtes beweist. Gott helfe uns, demütig und diszipliniert in unserem Lesen, Hören und Sprechen zu sein. Amen.

Cool

Coole Kommunikation ist emotional und erlebnisorientiert und lädt nicht zur Diskussion ein. Sie ist weder wahr noch falsch – nur cool. Cool ist ein Ausdruck von Geschmack, über den sich nicht streiten lässt (de gustibus non est disputandum). Cool bleibt unter dem Radar der Logik und lädt zum Mitmachen ein, ohne dass eine Entscheidung oder eine Verpflichtung notwendig ist. Es ist hilfreich in Werbung und Propaganda. Heiße Kommunikation enthält Inhalt, der definitiv ist, entschieden und entweder wahr oder falsch. Sie lädt ein zu Diskussion und Entscheidung. Das Evangelium von Jesus Christus ist heiße Kommunikation, es zeigt Kategorien der Wirklichkeit auf, die entweder wahr oder falsch sind, und die auf eine Entscheidung warten. Jesus ist nicht cool.

Dankbarkeit

Echte Dankbarkeit erfordert Demut und Armut im Geiste. Dankbarkeit gegenüber Gott ist unendlich, denn wenn wir dankbar sind für unsere Dankbarkeit, beginnt eine Aufwärtsspirale. Dankbarkeit ist immer angebracht gegenüber Gott und oft gegenüber anderen. Wenn wir uns erinnern, wofür wir dankbar sein können, setzt das die anderen Dinge in die rechte Perspektive mit Gottes Gnade. Über die schlechten Dinge müssen wir nachdenken, um Widerstand zu leisten und zu vergeben. Dankbarkeit erfrischt uns, gibt Kraft und ist therapeutisch. Eine kleine Investition in Dankbarkeit erbringt eine große Dividende des Segens. Mache Dankbarkeit zu einer freudvollen Gewohnheit in deinem Leben, besonders in schweren Zeiten.

Demut und Sanftmut

Viele denken bei Sanftmut oder Demut an Schüchternheit, immer in der letzten Reihe zu sitzen oder ein Fußabstreifer zu sein. Mose war der Leiter über mehr als eine Million Menschen und widerstand Pharao ins Gesicht, dennoch war er „der demütigste Mensch auf Erden". Als Mose zu Gott sagte, er sei nicht der Richtige um Israel anzuführen, war er stolz. Als er die Leitung annahm, war er demütig. Sanftmut ist Realismus über unsere schwache Unwürdigkeit und das Akzeptieren dessen, was Gott uns zu tun gibt. Sanftmut heißt Gott zu folgen statt unseren eigenen Vorstellungen, Ängsten und Wünschen. Die Sanftmütigen werden das Land erben.

Eine Zeit, zwei Zeiten und eine halbe Zeit

In Offenbarung 12,14 lesen wir, dass die Kirche in die Wüste flieht, wo sie ernährt wird eine Zeit und zwei Zeiten und eine halbe Zeit. Das macht zusammen Dreieinhalb, was die Hälfte von Sieben ist. In der biblischen Symbolik steht Sieben für Vollkommenheit oder Vollständigkeit. Johannes schrieb die Offenbarung recht kurz nach der Kreuzigung Jesu. Kann das bedeuten, dass eine Hälfte der Menschheitsgeschichte vor Jesus geschah und die andere Hälfte danach geschehen wird? Kam Jesus genau in der Mitte der Menschheitsgeschichte, um für jeden zu sterben? Jesus ist das Zentrum von Allem.

Fokus

Viele Dinge, Menschen oder Umstände laden uns ein (versuchen uns), dass wir uns auf sie konzentrieren. Manche dringende Dinge füllen den ganzen Bildschirm unserer Wahrnehmung aus und verdrängen fast alles andere. Wenn unsere Aufmerksamkeit auf ein bestimmtes Bedürfnis, eine bestimmte Angst oder Hoffnung konzentriert ist, dann verliert unsere Sicht immer den Fokus und wird verzerrt. Wenn unsere Aufmerksamkeit auf Jesus zentriert ist, werden auch alle einzelnen Dinge wieder klar fokussiert. Jesus gibt allem in unserem Leben klare Bedeutung und Sinn. Wenn wir auf Sein Wort fokussieren als ein Licht am Ende des Tunnels, dann wissen wir, wo wir sind, und wohin wir gehen.

Frieden

Frieden bzw. Schalom ist nicht die Abwesenheit von Konflikt. Er ist die Grundlage und der Rahmen für die Wirklichkeit, den Gott gegeben hat für Bedeutung und Stabilität im Konflikt. Wenn man Konflikt im Kontext von Ewigkeit und Gottes Wahrheit betrachtet, bekommt man eine realistischere Perspektive und vermeidet Vorurteil und Egoismus. Frieden muss in der Wirklichkeit funktionieren, und nicht in romantischen Phantasien. Wenn Christen wahrlich als Salz und Licht in der Welt handeln, wird der Frieden zunehmen.

Bete für den Frieden Gottes (Je ru salem).

Führung

Gottes Wille ist vollkommen und Er möchte, dass wir verantwortungsvolle Entscheidungen treffen. Christen begehen zwei Fehler, wenn sie Entscheidungen treffen: 1. Völlig allein Entscheidungen treffen, ohne jede Einbeziehung Gottes. 2. Von Gott erwarten, dass er uns exakt sagt, was wir tun sollen, damit wir Ihm die Schuld geben können, wenn etwas schief läuft. Wenn wir sagen „Gott hat mir gesagt", dann kann niemand unsere Entscheidung in Frage stellen, ohne damit Gott in Frage zu stellen. Es gibt keine perfekten Entscheidungen, nur verantwortungsvolle. Gott leitet uns durch die Schrift, durch Visionen, Träume, Finanzen, das Reden anderer Menschen, Umstände und so weiter. Wir sind somit frei und verantwortlich.

Füße waschen

Es ist wichtig, dass man aus der Bibel eher die grundlegenden Prinzipien des Lebens herausliest, als ihre kulturspezifische Anwendung. Das grundlegende Prinzip des einander täglich in Demut und auf nützliche Weise zu dienen wurde von Jesus durch das kulturspezifische Beispiel des Füßewaschens vermittelt. In vielen Kulturen ist das Füße Waschen jedoch kein tägliches Ereignis. Wir können aber das Prinzip umsetzen, indem wir zum Beispiel sagen: „Wascht einander das Geschirr" oder „Wascht einander das Auto", oder irgendetwas anderes, je nach unserer Kultur. Wenn man das Prinzip auf eine jährliche Zeremonie reduziert, wird es leblos.

Gaben und Früchte

Vom Heiligen Geist haben wir Gaben und Früchte. Die Früchte sind normativ, die Gaben sind es nicht. Wenn man ein paar der Gaben nicht hat, wenn man nie in Zungen geredet oder noch keine Toten erweckt hat, kann das eigene Leben dennoch einem normalen christlichen Leben entsprechen. Wenn man irgendeine der Früchte nicht hat (Liebe, Freude, Friede, Geduld, Freundlichkeit, Güte, Treue, Sanftmut und Keuschheit), dann ist das Leben subnormal. Alle Früchte sind für jeden einzelnen Christen. Die Früchte sind ein besseres Maß, die eigene geistliche Temperatur zu bestimmen, als die Gaben. Möge Gott uns helfen, die schwach ausgeprägten Früchte zu stärken. Amen.

Gebet 1

Gebet ist etwas besonders und etwas normales. Es ist besonders und wunderbar, mit dem Schöpfer des Universums reden zu können und zu wissen, dass Er uns hört und sich um uns sorgt und um das, was wir sagen. Gebet ist normal, weil wir zu jeder Tages- oder Nachtzeit für zwei Sekunden oder 2 Minuten beten können. Wir können mitten während der Arbeit oder einem Gespräch beten, beim Lesen oder Autofahren (möglichst ohne die Augen zu schließen). Gebet ist normal, weil es Normen und Ordnung in unser Leben bring, sowohl in der Zeit als auch der Ewigkeit. Gebet ist lebensnotwendig.

Gebet 2

Gebet ist etwas anderes als Meditation, Kontemplation, Nachdenken, Ausdenken, Gefühl, Handlung oder Arbeit, Gemeinschaft mit der Natur, Ekstase oder transzendentale Erfahrung, Eins sein mit „Allem", Schweigeritual oder Magie. Gebet ist nichts natürliches, sondern ist uns von Gott gegeben als Teil unseres vollständigen geistlichen Lebens mit Ihm. Gebet ist persönliche Kommunikation zwischen einer Person und einer anderen Person. Gebet ist Sprache – direkt, eindeutig und verlässlich. In der Bibel spricht Sein Volk mit Ihm in normaler Sprache. Gott spricht zu uns durch Sein Wort und Seine Schöpfung. Wir können antworten, indem wir zu Ihm über Sein Wort sprechen, das uns Leben gibt. Kehre um zu Gott. Bring Wörter mit.

Gefühlte Bedürfnisse

Vielen Pfarrern/Pastoren wurde beigebracht, zu den „gefühlten Bedürfnissen" der Menschen zu predigen. Das macht sie natürlich beliebter, wenn sie das tun. Sollten wir erwarten, dass die Gefühle der Menschen damit übereinstimmen, was sie wirklich im Königreich Gottes brauchen? Oder sollten wir in die Bibel schauen um herauszufinden, was Gott dazu sagt, was Menschen brauchen? Der erste Ansatz ist natürlich. Der zweite Ansatz ist geistlich. Wir brauchen keinen nach uns geformten Jesus, sondern einen Jesus, der uns formt.

Gott, hilf uns zu wollen was du willst. Amen.

Geistlich = Übernatürlich

Manche Menschen glauben dieser Gleichung, dass geistlich gleich unsichtbar, nicht-körperlich ist. Die Bibel lehrt uns, dass dies falsch ist. Geburt und Auferstehung Jesu waren geistlich und bewusst körperlich. Wenn die körperliche Geburt und Auferstehung Jesu nicht geistlich sind, haben wir Weihnachten und Ostern verloren. Unser geistliches Leben ist körperlich, intellektuell, emotional, relational und übernatürlich. Das geistliche Königreich Gottes beinhaltet eine physische, neue Erde. Jesus starb, damit wir ganz und vollständig werden. Alles, was uns unvollständig oder gespalten macht, ist ungeistlich. Gott will nicht, dass wir in geistliche und nicht-geistliche Teile gespalten sind, sondern dass wir ganz sind.

Geistlich = total real.

Generationsübergreifende Flüche

Manche Menschen haben ein bedrücktes Herz, weil einer ihrer Großeltern eine Hexe war oder ein Mörder. Sie denken dabei an 2.Mose 20,5: „der die Schuld der Väter heimsucht bis ins dritte und vierte Glied an den Kindern". Sie übersehen die letzten Worte: „derer, die mich hassen". Die Frage ist nicht, was deine Vorfahren getan haben, sondern ob du Gott liebst. Die Konsequenzen von Sünde (Armut, schlechter Ruf, zerstörte Umwelt) gehen auf die zukünftigen Generationen über, aber nicht die Schuld. Hesekiel 18 ist diesbezüglich sehr deutlich und tröstend. Gott hilf uns durch deine Gnade zu leben. Amen.

Gericht

Gericht dient der Korrektur oder der Zerstörung. Zu richten bedeutet etwas in Ordnung bringen oder passend und zugehörig machen. Wir passen nicht zu Gott, weil unsere Sünde unsere Form verzerrt hat. Gottes Gericht stellt die passende Form wieder her. Dieser Prozess kann schmerzhaft und angsteinflößend sein, und wir nehmen ihn im Glauben und Vertrauen an Gott an. Wer Gottes Erlösung durch Jesus Christus annimmt, wird durch Sein Gericht gesegnet und wieder ganz und gar hergestellt. Wer Gottes Erlösung zurückweist, wird durch Sein Gericht zerstört. Das läuternde Feuer reinigt oder verbrennt. Herr, hilf uns Dein liebevolles Gericht und Deine Heilung anzunehmen. Amen.

Der geringste Glaube

Menschen werden aus den unterschiedlichsten Gründen, Emotionen oder Umständen zu Christen. Ein Grund für den Glauben an das Christentum ist, dass es weniger Glauben dafür braucht als für irgendetwas anderes. Glaube ist notwendig, aber Glaube wie ein Senfkorn, nicht Glaube wie eine Kokosnuss. Unser Glaube kann klein sein, und dennoch leben und wachsen und Frucht bringen, weil das Christentum auf mehr Fragen eine klare Antwort hat als jedes andere Glaubenssystem. Es braucht mehr Glauben anzunehmen, dass Menschen gut sind, oder um an Evolution, Kommunismus, Rationalismus, Materialismus oder Astrologie zu glauben. Wähle den vernünftigen Glauben. Wähle das Christentum.

Geschmack

"De Gustibus Non Est Disputandum". Über Geschmack lässt sich nicht streiten. Unser Geschmack ist Teil unserer Persönlichkeit, aber er ist nicht verlässlich. Wenn wir etwas für gut halten, weil wir es mögen, oder für schlecht, weil wir es nicht mögen, haben wir keine Wahrheit und beten uns selbst an. Etwas zu mögen sagt mehr über uns aus als über die Sache an sich. Geschmack ist subjektiv und muss mit Objektivität verknüpft werden, um lebensfördernd zu sein. Zwei Bekenntnisse stiften Frieden: Ich mag, was wertlos ist, und was wertvoll ist, mag ich nicht. Verlass dich nicht darauf, dass dein Geschmack dich Wahrheit lehrt. Wenn wir die Sünde nicht mögen würden, würden wir sie nicht tun.

Das Gleichnis von der Bananenschale

Wenn ich zu spät aufstehe und auf den Bahnsteig rennen muss, um den Zug zum Flughafen für eine Missionsreise zu erwischen, könnte ich auf einer Bananenschale ausrutschen und mir den Knöchel brechen. Wie soll ich diese Situation verstehen? Lag es an meiner Sünde des zu späten Aufstehens? Oder an der Sünde des Bananenessers? Oder am Teufel, der verhindern will, dass meine Missionsreise anderen Menschen ein Segen wird? Oder hat Gott sie verursacht, weil der Zug entgleisen wird? Alle Dinge dienen denen zum Besten, die Gott lieben. Meine Aufgabe ist nicht, alles zu verstehen, sondern den Herrn und meinen Nächsten zu lieben.

Gott allein ist Gott und Gott ist nicht allein.

Das ist nur für den Gott der Bibel wahr. Buddha allein ist Buddha.... Krishna allein ist Krishna.... Allah allein ist Allah.... Alle sind am Anfang allein. Der christliche Gott ist wahrhaftig ein Gott der Liebe und der Beziehungen, weil Er in Ewigkeit drei Personen ist. Gott ist drei Personen. Der Teufel ist eine Person. Drei Personen sind auf die jeweils anderen beiden ausgerichtet. Eine Person ist notwendigerweise auf sich selbst ausgerichtet, da sonst niemand da ist. Eine implodiert und ist tot. Drei sind strahlend und lebendig. Wähle den lebendigen Gott der Bibel für Leben und Liebe auf immer.

Gott ist Grün

Viele Menschen glauben, dass Gott braun ist und vorhat, am Ende Seine Schöpfung zu verbrennen, und sich auch in der Zwischenzeit nicht darum kümmert. Ein nahes „Ende" kann im Deutschen bedeuten, dass die Beendigung nahe ist, oder auch dass das Ziel nahe ist. Das griechische „telos" bedeutet nur Ziel. Das Ziel ist die Reinigung und Erneuerung der Schöpfung, nicht ihre Zerstörung. „Das Ende ist nah" bedeutet tatsächlich „der Anfang ist nah". Gott gab den Menschen die Macht, für Seine Schöpfung zu sorgen, nicht sie auszubeuten und zu beschädigen. Christen und Grüne müssen erkennen, dass niemand grüner ist als Gott.

Gott ist Liebe

Es ist wichtig nicht zu denken oder zu sagen: „Liebe ist Gott". Das würde dazu führen, dass wir irgendeine flüchtige Idee oder Erfahrung anbeten, die wir Liebe nennen. Liebe kann nicht von Wahrheit oder Gerechtigkeit getrennt werden. Liebe ist kein Gefühl, sondern eine Folge von Handlungen, die den Geliebten dazu ermutigen und fördern, so zu sein, wie Gott in haben möchte. Liebe kann sanft sein oder energisch, ermutigend oder tadelnd. Liebe muss frei sein, unabhängig von unseren Gefühlen zu wirken. Wenn wir im Gebet und in Liebe handeln, können wir auch unsere Gefühle klar erkennen. Wir brauchen Gott um uns zu lehren, wie man liebt.

Göttlicher Kummer und Trauer

Göttlicher Kummer beinhaltet Reue und führt zur Veränderung. Es ist Kummer darüber, dass wir unser Leben nicht so leben, wie Gott es möchte, was wir aber könnten. Darin gibt es auch Elemente der Freude und Dankbarkeit. Weltlichen Kummer erlebt jeder, und bisweilen führt er zu nichts. Göttlicher Kummer ist ein Geschenk und führt zum Leben. „Selig sind die Trauernden" spricht über diejenigen, die über ihre Sünde und das Böse in der Welt Kummer tragen, die traurig sind, weil sie Gott verletzt haben. Es spricht über Christen im Königreich Gottes, und nicht über irgendeine Person, die über einen Verlust oder ein Leid trauert.

Heilsgewissheit

Menschen, die durch Jesus Christus zu Gott gehören, sind erlöst und gerettet, selbst wenn sie körperlich oder geistig verkrüppelt sind. Erlösung hängt nicht davon ab, wie wir über Jesus empfinden, sondern davon, was er für uns getan hat und dass er die Macht hat uns zu bewahren. Unsere Stimmungen oder unsere körperliche Verfassung sind kein guter Maßstab für unsere Beziehung zu Gott und unser Wachstum als Sein Kind. Ein besserer Maßstab wäre, ob wir in den Früchten des Geistes wachsen oder abnehmen: Liebe, Freude, Friede, Geduld, Freundlichkeit, Güte, Treue, Sanftmut und Keuschheit. Möge Gott uns davor bewahren, von unseren Entmutigungen entmutigt zu werden. Amen.

Heilung

Heilung ist eine Besonderheit des Christentums
in der Bibel und in der Kirchengeschichte.
Wir sind alle gebrochen und krank, und Gott
möchte unseren Körper, unsere Gefühle,
unseren Verstand und unsere Haltungen
heilen. Körperliche Heilung ist Teil der voll-
kommenen Heilung, die geschehen wird,
wenn Jesus wiederkommt. Wenn unser
Körper geheilt ist, aber nicht unser Herz,
haben wir verloren. Wenn unser Herz geheilt
ist, aber nicht unser Körper, gewinnen wir.
Körperliche Heilung ist Flickwerk, da wir
letztendlich sterben werden. Heilung der
Herzen ist dauerhaft und ewig.

Herrlichkeit

Herrlichkeit steht für Gewicht, solide Grundlage, Verlässlichkeit. Es bedeutet ebenfalls strahlend und scheinend. Gott ist Liebe. Liebe ist die Grundlage aller Wirklichkeit und alles hat Bedeutung in der Liebe. Die Herrlichkeit Gottes ist die Liebe. Wir sollten Gott sagen, dass er herrlich ist, es in der Welt proklamieren und darüber singen. Wenn wir in der Liebe für einander und die bedürftige Welt wachsen, zeigen wir Gottes Liebe und erhöhen Seinen Namen. Wir haben Anteil daran, dass Sein Reich auf Erden kommt. „Dein Reich komme, Dein Wille geschehe, wie im Himmel so auf Erden." Amen.

Himmel auf Erden

Jesus hat uns das Gebet gelehrt „Dein Reich komme, Dein Wille geschehe, wie im Himmel, so auf Erden." Jesus möchte, dass die übernatürlichen Dimensionen des Himmels zu uns hierherkommen, und nicht, dass wir „dorthin" gehen. Unsere wahre und ewige Bürgerschaft ist im Himmel, aber wir werden nicht dorthin gehen, um sie uns abzuholen. Sie wird hierherkommen, wenn Jesus wieder erscheint. Das Christentum ist kein Leben durch Flucht, sondern durch Engagement. Leiden und Verwirrungen haben bei Christen das Denken geweckt, dass Gott uns irgendwo anders hinbringen wird, statt dass er hierherkommen wird, um bei uns zu sein. Lasst uns Gottes Plan klar erkennen.

Himmelfahrt

Am Himmelfahrtstag erinnern wir uns daran, dass Jesus aufgefahren ist und eine Wolke ihn verbarg. Diese Wolke bestand nicht aus Wassertröpfchen, sondern aus der Schechina-Herrlichkeit Gottes. Jesus betrat Dimensionen der Wirklichkeit, die für uns zwar nicht sichtbar sind, aber er ging dafür nicht weit weg. Er sagte damals zwei Dinge, die zusammenpassen: „Ich gehe von euch" und „Ich bin bei euch alle Tage". Im Himmel sind die übernatürlichen Dimensionen der Wirklichkeit, die sich am gleichen Ort befinden wie die natürlichen Dimensionen, so wie Höhe am selben Ort ist wie Länge und Breite. Jesus ist aufgefahren und direkt hier bei uns. Möge Gott uns durch die Gegenwart Jesu trösten und herausfordern. Amen.

Id-Entität. Selbst-Ding. Das reicht für ein Leben in Gottes Königreich nicht aus. Die Identität Jesu liegt in Seinen Beziehungen zum Vater und zum Heiligen Geist. Unsere Identität liegt in unseren Beziehungen mit Gott und mit einander. Wahre Identität ist größer als das Selbst. Das Bild von Gott ist ein „sie" [Plural], nicht „er" [männlich] oder „sie" [weiblich]. Identifiziere dich selbst lieber durch Liebe, als durch eine Beschreibung deiner selbst. Gott, bitte hilf uns zu erkennen, dass unsere Identität nicht in uns selbst liegt sondern in unseren Beziehungen, die Du erst ermöglichst und bewahrst. Amen.

Jesus kennen

Jesus zu kennen beinhaltet richtige Lehre und Information über Ihn, und Erfahrungen von Ihm oder mit Ihm durch Gehorsam und Nachahmung. Manche Menschen bekommen viele Informationen über Jesus, erfahren jedoch kaum Heilung oder Veränderung. Manche Menschen haben viele Erfahrungen mit Jesus gemacht, wissen aber nicht wirklich viel über Ihn. Man selbst kann leicht sehen, zu welcher Seite man selbst tendiert. Ein gesundes Christenleben beinhaltet, dass man sich vorsichtig auf die eher vernachlässigte Seite lehnt. Gott segne und leite uns und mache unser Leben vollständiger. Amen.

Das Königreich Gottes

Jesus sagte, das Königreich ist nahe, es kommt, es ist unter uns und in uns. Damit beschreibt er nicht die Kirche oder einen fernen Ort. Das Königreich Gottes ist die Herrschaft Gottes in der Welt, in unseren Gesellschaften und Familien und in unseren Herzen. „Dein (König-)Reich komme" und „Dein Wille geschehe" bedeuten das Gleiche. Jesus will, dass die Herrschaft Gottes auf Erden kommt. Das sollten wir mit Ihm wollen. Gott, hilf uns, deinen Willen zu wollen und ihn zuerst in unseren Herzen zu empfangen und dann an andere weiterzugeben. Amen.

Kunst

Kunst ist künstlich, von der Hand des Menschen gemacht. Natürliche Dinge und Ereignisse können erfreuen und inspirieren, aber sie sind niemals Kunst. Kunst ist vorsätzliches, verantwortliches menschliches Handeln. Kunst ist, was Menschen aus der Natur machen, durch Landwirtschaft, Gemälde, Musik, Kochen, Tanzen, Architektur, usw. Kunst ist verantwortliche Herrschaft über die Natur. Kunst besteht aus Ausdrucksweisen und Aussagen von Menschen. Es geht darum, was sie sagen, nicht ob es uns gefällt. Kunst dient nicht dem Konsum, sondern den Beziehungen und dem Dialog. Wir entmenschlichen die Kunst, wenn wir sie verkonsumieren. Kunst dreht sich nicht um mich, sondern um uns. Sei dabei.

Lass dein Auge einfältig sein

In Matthäus 6,19-24 gibt uns Jesus zwei Beispiele einer gespaltenen Wirklichkeit: Schätze auf Erden oder im Himmel zu sammeln, und zwei Herren dienen, Gott oder dem Geld. Zwischen diesen beiden Beispielen befindet sich die Lösung für das Problem. Wenn dein Auge einfältig ist, wenn du die Wirklichkeit als ein Ganzes siehst, von der Kraft des Wortes Jesu zusammengehalten, anstatt gespalten, dann wirst du voll des Lichts sein. Wenn dein Auge böse ist, wirst du die Wirklichkeit als gespalten und im Konflikt mit sich selbst sehen. Möge Gott uns helfen, eine in Seiner Wahrheit und Liebe vereinte Wirklichkeit zu sehen. Amen.

Leben im Überfluss

Wenn man zehn zufällig ausgewählte Leute fragen würde, ob ihr Leben größer oder kleiner werden würde, wenn sie Christen werden würden, was denkst du, würden sie antworten? Manche Christen denken, sie könnten ihr Leben rein halten, in dem sie fast vollständig auf Bücher, Musik oder Filme verzichten. So auch der Apostel Paulus, als er noch gesetzlich war. Als er dann Christ wurde, wurde er auch frei, die heidnischen griechischen Dichter zu lesen und auswendig zu lernen. In seiner Predigt in Athen (Apostelgeschichte 17) zitierte er sogar ein Loblied auf Zeus. Gott helfe uns dabei, unsere Nächsten zu lieben indem wir lernen, was sie in ihren Herzen und Köpfen haben. Amen.

Leiter und Nachfolger

In der evangelikalen Welt wird das Thema Leiterschaft sehr betont, und es gibt darüber viele Bücher und Konferenzen. Natürlich gibt es immer mehr Nachfolger als Leiter. Die Qualität der Nachfolger ist mindestens ebenso wichtig wie die Qualität der Leiter. Die Nachfolger sollten die Leiter unterstützen und ermutigen, viel erwarten und sich wenig beschweren, alles prüfen, für die Leiter beten, Geschwätz wie die Pest meiden, auf die Lehre so reagieren, dass die Leiter ermutigt werden sich zu verbessern, beten und danach streben Teil der Lösung zu sein und nicht des Problems. Jeder Nachfolger wird gebraucht und ist wichtig. Möge Gott allen Nachfolgern helfen, ihre Rolle ernst zu nehmen. Amen.

Lesen der Bibel

Das tägliche Lesen in der Bibel ist wichtig, weil wir damit Gottes Königreich und Wirklichkeit im Blick behalten. Es ist ein Fenster zu Gottes fester Wahrheit, das für uns an Tagen als Anker funktioniert, die sonst verwirrend und verschwommen wären. Es verbindet uns auch mit anderen, die die gleichen Passagen lesen, sogar über Entfernungen hinweg. Der Nutzen des Lesens ist nicht abhängig davon, dass wir alles vollkommen verstehen, was wir lesen. Gebe Gott uns Appetit für Sein Wort. Amen.

Im Lobpreis bzw. Anbetung sagt man jemanden, welchen Wert er hat [engl. „worship" = „worth ship"]. Wir beten Gott an oder Geld oder Werbetreibende oder kulturelle Normen, indem wir sie mit Wort und Gesang preisen, in sie investieren, sie nachahmen und ihnen gehorchen. Lobpreis findet jeden Tag, rund um die Uhr statt. Er endet nicht mit dem Gottesdienst. Wir gehen in die Kirche, um uns auf den Lobpreis vorzubereiten, der am Montag und jeden folgenden Tag stattfinden wird. Für viele Dinge ist unser Lobpreis erzwungen und übertrieben. Der Lobpreis Gottes ist frei und kann niemals übertrieben sein. Wir können Ihn mit ganzem Herzen preisen in dem Wissen, dass Er niemals unwürdig sein wird für unseren Lobpreis und unsere Anbetung.

Meditation

Meditation ist eine nichtlineare, kognitive Aktivität. Sie funktioniert in einer Sphäre oder einem Kraftfeld. Nichtchristliche Meditation konzentriert sich auf das Selbst und geht nirgendwo hin. Biblische Meditation ist passiver als das Denken oder Gebet. Man ist offen gegenüber Eindrücken durch den Heiligen Geist oder der Bibel über Gott und das Leben. Sie konzentriert sich auf Gottes Charakter wie z.B. seine unfehlbare Liebe oder unendliche Macht, die mysteriös ist und vom rationalen Verstand nicht vollkommen erfasst werden kann. Andere Formen der Mediation können begrenzt therapeutisch wirken. Christliche Meditation ist mit Gebet verknüpft und Teil eines ganzheitlichen Lebens in Christus.

Muttertag

Das sollte eine Lebenseinstellung sein, kein Ereignis. Eines der Zehn Gebote besagt: „Du sollst Vater und Mutter ehren". Dabei geht es nicht um Gehorsam, wie manche denken. Einer senilen oder dementen Person zu gehorchen hilft niemandem. Zu ehren bedeutet das Leben zu respektieren, zu unterstützen, zu schützen und zu bewahren. Deshalb ist dieses Gebot mit der Verheißung verknüpft: „damit du lang lebest". Wenn deine Kinder sehen, wie du das Leben deiner Eltern ehrst, werden sie auch dein Leben ehren. Unter Eltern kann man auch andere ältere Menschen verstehen, was das soziale Kapital und den Segen einer Nation immens vergrößert.

Nachrichten und Propaganda

Wir brauchen Nachrichten, um uns zu informieren, und Propaganda, um uns zu motivieren. Nachrichten sind neutrale Fakten. Propaganda ist Empfehlung. Üblicherweise werden Nachrichten und Propaganda kombiniert. Wenn alle Nachrichten zu Empfehlungen oder Propaganda werden, haben die Menschen immer weniger gemeinsam.

Propaganda kann ehrlich oder unehrlich sein. Evangelisation sollte ehrliche Propaganda sein, die eine Weltanschauung empfiehlt und das Königreich Gottes anpreist. Wenn wir für Nachrichten bezahlen, die größtenteils Propaganda sind, bekommen wir was wir bezahlen und verzerren Wahrheit und Kultur. Bleib wachsam und prüfe alles.

Naturalismus

Naturalismus ist der Glaube, dass nur Materie existiert und dass alles durch Mathematik verstanden und ausgedrückt werden kann. Für Naturalisten ist Information ein Problem. Jeder glaubt an Information und ihre Kontrolle über Materie, vor allem genetische Materie. Obwohl nun Information Materie kontrolliert, gibt es keinen Beweis dafür, dass Materie Information produziert. Die religiöse bzw. Glaubensannahme diesbezüglich ist, dass Materie Information produziert, wir aber noch nicht herausgefunden haben, wie. Die wissenschaftlichere Hypothese lautet, dass Information übernatürlich ist. Am Anfang war Information oder Beziehungen, die aus einem dreieinigen und relationalen Gott entstehen. Materie wurde geschaffen und ist nicht aus sich selbst entstanden.

Nimm dein Kreuz auf dich

Jesus sagte: „Wer mir folgen will, der verleugne sich selbst und nehme sein Kreuz auf sich täglich und folge mir nach." [Luth2017] Jesus nahm Sein Kreuz auf sich, die Last der Sünden anderer Menschen. Unser Kreuz ist nichts, was uns einfach geschieht, sondern wir nehmen es aktiv auf indem wir die Last anderer Menschen tragen. Wir sind kein Opfer unseres Kreuzes, wir bringen Veränderung, weil wir unser Kreuz auf uns nehmen. Unser Kreuz ist nicht Krankheit oder Arbeitslosigkeit oder ein Erdbeben. Gott zeigt uns unser Kreuz in den Menschen und den Situationen, denen wir begegnen. Nimm es auf dich.

Persönlich

Mit persönlich meinen die meisten Menschen das Selbst. Biblisch beinhaltet es auch den anderen. Gott ist ein persönlicher Gott. Er ist nicht eine Person, sondern drei Personen. Er ist persönlich, weil er Beziehungen hatte vor Anbeginn der Zeit. Das Bild von Gott ist „sie [mz.]". Alles andere war in der Schöpfung gut, aber für Adam war es nicht gut, allein zu sein, weil auch Gott nicht allein ist. Jesus ist ein persönlicher Erlöser, weil er persönlich ist und rettet, nicht weil ich persönlich an Ihn glaube. Persönlich beginnt nicht bei mir, es beginnt bei Gott, der Liebe ist. Vertraue in Ihn,

Pfingsten ist der 50. Tag nach Ostern, an dem der Heilige Geist mit neuer und besonderer Kraft auf die Nachfolger Jesu kam, und sie mit anderen über Gott sprachen und in jeder Sprache verstanden wurden. Gott ist Liebe. Die Kraft des Heiligen Geistes befähigt uns, in liebevollen Beziehungen und Gemeinschaften zu leben. Die Gaben des Heiligen Geistes dienen dem Dienst am anderen. Geist ist Wind. Der Heilige Geist weht in und auf uns um Jesus zu verkündigen, und gibt uns Gaben, die uns helfen andere zu segnen, besonders indem wir sie über Jesus und Gottes liebevolle Erlösung lehren. Er lehrt uns, wie wir uns ändern und geheilt werden müssen.

Der Heilige Geist ist der Geist Christi, der in uns wohnt und Frucht bringt – Liebe, Freude, Friede, Geduld, Freundlichkeit, Güte, Treue, Sanftmut und Keuschheit. Christen haben unterschiedliche und besondere Gaben. Normalerweise wachsen alle Christen in allen Früchten. Durch diese Früchte können wir unser Wachstum als Gottes Kinder messen und über unsere Erlösung getröstet werden. Der Heilige Geist lehrt uns zu beten und Gott um das zu bitten, was Er für uns hat. Bete zum Vater im Namen des Sohnes durch die Kraft des Heiligen Geistes. Amen.

Die postmodernen Seligpreisungen

1. Selig sind die Selbstbewussten, denn sie werden Erfolg haben.
2. Selig sind, die Schuldgefühle vermeiden, denn sie sind getröstet.
3. Selig sind die mit einem positiven Selbstbild, denn sie werden sich besser fühlen.
4. Selig sind, die ihre eigenen Werte definieren, denn sie werden sich selbst erfinden.
5. Selig sind, die ihre Rechte kennen, denn sie werden ihre Ansprüche geltend machen.
6. Selig sind die aalglatten, denn sie werden bewundert werden.
7. Selig sind die Mobber und Lästerer, denn sie werden es weit bringen.
8. Selig sind die politisch korrekten, denn sie werden Auseinandersetzungen vermeiden.

Die postmodernen Zehn Gebote

(Auf zwei Samsung Tablets)

I. Du sollst nur das wertschätzen, was aus deiner Sicht dem Gedeihen deines Lebens dient.

II. Du sollst keiner andere Person oder Institution dienen oder sie ehren, auch keinen anderen Wert, außer dir selbst.

III. Du sollst dich keinen sprachlichen Konventionen unterordnen, die momentan in irgendeiner Weise anstößig sind für dich.

IV. Du sollst Ablauf und Rhythmus deines Lebens nur nach deinen Gefühlen gestalten.

V. Du sollst dich und deine Bequemlichkeit ehren und über alle Menschen stellen.

VI. Du sollst für dein Lebensprojekt jegliche Kollateralschäden in Kauf nehmen

VII. Du sollst dir alles aneignen, ohne erwischt zu werden.

Du sollst die Wahrheit für dich passend machen oder so.

Du sollst dir keinen Wunsch oder Wert aneignen, der nicht aus deinem innersten Selbst stammt.

Nicht viele Christen halten sich für Propheten, Priester oder Könige. Ein Prophet ist jemand der Gottes Wahrheit verkündet – Vergangenheit, Gegenwart oder Zukunft. Ein Priester ist ein Brückenbauer. der zwischen den Menschen und Gott durch Gebet eine Verbindung schafft. Ein König erlässt Anweisungen und Richtlinien und trifft Entscheidungen über sein Umfeld. Wir wissen, dass Jesus Prophet, Priester und König ist. Wenn wir an Jesus glauben und zu Ihm gehören, dann nehmen wir diese Rollen mit in unser Umfeld, in unsere Familien, unsere Freundschaften, Arbeitsplätze, Kirchen und Gemeinschaften. Das ist Gottes Berufung für die Christen in der Welt.

Reden über Gott

In Jesaja 62,6 steht geschrieben: "Ihr, die ihr an den Herrn erinnert, gönnt euch keine Ruhe" [ELB]. Erinnerst du an den Herrn, indem du „Gott segne dich" zum Nachbarn, Kollegen, Kassierer, Arzt und Bankangestellten sagst? Wenn ich das gemacht habe, reagierten die Menschen manchmal etwas verwundert, aber niemals gekränkt. Die Menschen brauchen den Segen Gottes. Versuche, Gott in deine Gespräche mit einzubringen, auf angemessene, positive und einladende Weise. Wir sollten von Gott begeistert sein statt peinlich berührt oder schüchtern. Wenn du Menschen segnest, bete für sie. Gott gebe uns Gnade, Mut und Weisheit von Ihm zu sprechen. Amen.

Salz und Licht

Die Welt ist das Salz und Licht der Kirche. Jesus hat in der Bergpredigt das Gegenteil gesagt. Jesus will, dass die Kirche die Klarheit und die Würze der Welt ist. Oft ist es anders herum. Die Werte der Welt, wie Erfolg, Relevanz, Marktanteil, Political Correctness und soziale Akzeptanz, bekommen oft mehr Aufmerksamkeit als die Werte des Königreichs Gottes, nämlich die Früchte des Geistes und Treue gegenüber Seinem Wort. Christen sollten in ihrem Kulturschaffen originell und anders sein und nicht bloß der Welt folgen und sie kopieren.

Die Schlacht

Wenn wir unseren Kindern vermitteln, dass das Geschlecht ein Geschenk ist, dass wir uns nicht selbst erfinden und dass nur Jesus der Herr ist, wird das sie und uns in einen scharfen Widerspruch mit der Schule und der Kultur im Allgemeinen setzen. Unsere Situation ist nicht sicher, aber Gott ist mit uns. Unsere Kultur vermittelt uns und unseren Kindern tödliche, unbiblische Ideen und verlangt Konformität. Wo sollen wir die Grenze ziehen und Stellung beziehen? Gott gebe uns Weisheit und Mut. Amen.

Schuld und Hoffnung

Ohne Schuld gibt es keine Hoffnung. Schuld ist in unserer Zeit sehr unpopulär und politisch inkorrekt. Man wird dazu ermutigt, eigene Schuldgefühle zu ignorieren und zu unterdrücken. Das hilft vielleicht etwas. Wenn wir nicht schuldig sind, sind wir nur unschuldige Opfer der Umstände und haben Anspruch auf Wiedergutmachung, Verständnis, Akzeptanz und Toleranz. Die Menschen versprechen uns das vielleicht, aber niemand schafft es wirklich. Wenn wir schuldig sind, brauchen wir Vergebung und Wiederherstellung. Jemand verspricht uns das. Wenn wir unser gebrochenes Selbst durch Jesus Christus zu Gott bringen, haben wir echte Hoffnung für die Zukunft.

Schwach und Stark

Jeder von uns hat Stärken und Schwächen, stark ausgeprägte Früchte des Geistes und schwach ausgeprägte. Das Starke zu stärken ist natürlich. Das schwach ausgeprägte zu stärken ist geistlich. Gott will, dass wir das Schwache stärken, damit wir vollständige und heilige Menschen werden. Wenn unser Wissen stark ist, sollten wir die Erfahrung stärken. Wenn unsere Erfahrung stark ist, sollten wir unser Wissen stärken. Das Schwache zu stärken ist eine angsteinflößende Reise ins Ungewisse. Gott helfe uns, im Glauben zu wandeln und die Hand Jesu zu ergreifen. Amen.

Segen und Fluch

Segen macht unser Leben größer, voller, reicher. Fluch macht unser Leben kleiner. Es können Aussagen oder Rituale sein, aber sie bedeuten viel mehr. Ein Segen kann Geld sein, oder Gesundheit, Wissen, Ermutigung, Hilfe, Zurechtweisung oder Herausforderungen zum besser werden. Segen macht uns wirklich. Fluch macht uns unwirklich. Segen ist oft schmerzhaft, wohingegen Fluch sich oft gut anfühlt. Ein Beispiel für einen schmerzhaften Segen ist der Zahnarzt. Schmeichelei ist ein Beispiel für einen angenehmen Fluch. Segen bewirkt, dass wir uns mit dem Leben und mit Wachstum befassen. Fluch lenkt uns vom Leben ab und ermutigt uns zu schrumpfen.

Sicherheit

Gott ist Liebe. Gott ist drei Personen. Gott hat alles geschaffen, was es gibt. Das Fundament des Universums ist nicht Materie und Energie, sondern Liebe. Gott liebt dich. Wenn du Gottes Liebe annimmst und in ihr bleibst, wirst du in den Armen des Schöpfers des Universums gehalten und bewahrt. Du bist sicher. Alle anderen „Sicherheiten" sind temporär und unvollständig. In einer gefallenen Welt können uns viele negative Dinge zustoßen – Unfälle, Krankheit, Verfolgung, Arbeitslosigkeit, Entfremdung und letztendlich der Tod. Nichts davon kann uns die fundamentale Sicherheit nehmen, wenn wir zu Gott gehören. Empfange Gottes Liebe und vertraue ihr!

Sieg in Krisenzeiten

Im Jahre 2020 wurde uns bewusst, dass wir Gott brauchen, um uns vom Corona-Virus und seinen sozialen und wirtschaftlichen Nebeneffekten zu heilen. Lasst uns die anderen Bereiche vor Gott bringen, in denen wir Bewahrung und Heilung brauchen: unsere Neigung uns Sorgen zu machen, unsere grundlosen Ängste, unser Hang zu Vorurteil und Schuldzuweisung, negative oder paranoide Interpretationen dessen, was andere sagen oder tun, Teil des Problems zu sein statt Teil der Lösung. Wenn wir in diesen und anderen Bereichen verändert und geheilt werden können, wird die Zeit von Corona eine Zeit des Sieges in unserem Leben und unseren Beziehungen sein.

Siegreiches Leben

Manchmal sind wir enttäuscht und entmutigt, weil wir es nicht schaffen, bestimmte ungöttliche Gewohnheiten oder Einstellungen zu überwinden. Wir sind beunruhigt, weil wir nicht in Heiligkeit und Sieg wachsen. Die wahre Quelle unserer Erlösung liegt nicht in unseren Bemühungen, sondern in Gottes Gnade in Jesus Christus. Oft arbeitet Gott in einer Art und Weise in uns, die wir nicht erkennen. Prüfe dein Wachstum an den Früchten des Geistes. Wenn du Wachstum bemerkst bei Liebe, Freude, Friede, Geduld, Freundlichkeit, Güte, Treue, Sanftmut und Keuschheit, dann sei gewiss, dass Gott in dir arbeitet, und sei ermutigt, deinen Anteil zu leisten.

Single sein

Gottes Plan oder Standardprogramm für den Menschen beinhaltet Ehe, Kinder, produktive und kreative Arbeit, und einen gesunden Körper und Geist. Keiner von uns passt perfekt in dieses Schema hinein. Gott beruft uns mit unseren Begrenzungen, aber nicht in sie hinein. Wir haben alle besondere Bedürfnisse. Unsere Bedürfnisse werden letztendlich nur in Jesus vollständig erfüllt. Wir müssen uns auch unserer aller Zerbrochenheit bewusst sein, und es durch unser Gebet und Handeln möglichst besser zu machen. Wir kennen nicht das Ausmaß des Mangels im Anderen, aber wir sollten helfen so gut wir können.

Sorge

Uns ist gesagt, dass wir uns nicht sorgen sollen. Das fällt uns schwer, weil vieles uns bedroht, stresst und verwirrt. Wir wollen die Zukunft kennen und es fällt schwer, Gott für das Unbekannte zu vertrauen. Wenn wir uns Sorgen machen, fühlt sich das manchmal verantwortungsbewusster an, als wenn wir den Sorgen eine Abfuhr erteilen und einfach auf Gott vertrauen würden. Wenn wir vertrauen, haben wir mehr Energie und Stabilität, um verantwortungsbewusst zu sein. Weisheit ist, den Unterschied zu erkennen zwischen Dingen, die wir verändern können und denen, bei denen wir ganz passiv Gott vertrauen müssen. Bitte um Weisheit. Gott will sie dir geben.

Sprache 1

Gott spricht und ist treu in dem, was Er sagt. Der Mensch in Seinem Ebenbild soll sprechen und treu sein in dem, was er sagt. Wenn wir unsere Achtung vor der Sprache verlieren und unsere Hingabe in die Bedeutung von Wörtern, dann machen wir uns abhängiger von Gesichtsausdrücken, Körpersprache, emotionaler Energien, sozialen Verbindungen und unseren eigenen Wünschen in der Kommunikation. Dieser Prozess fühlt sich gut an und ist attraktiv, weil er entspannter ist als Sorgfalt und Hingabe. Obwohl nonverbale Kommunikation gültig ist, kann sie uns den Tieren ähnlicher machen als Gott. Sei vorsichtig. Wähle das Leben.

Sprache 2

Gottes Wort ist verlässlich, verbindlich und bewahrenswert. Weil wir in seinem Ebenbild geschaffen sind, sollen unsere Worte auch verlässlich und verbindlich und bewahrenswert sein. Es hilft uns nicht, wenn Jesus sagen würde: „Eure Sünden sind so gut wie vergeben oder was auch immer...“ Wir haben ganz natürlich ein ausgeprägtes Gespür für eine übermäßige Freiheit in unserem Sprachgebrauch (es sind nur Worte). Der Heilige Geist gibt uns einen geistlichen Sinn für Verbindlichkeit und Verlässlichkeit in der Sprache. Es ist ein schwieriger Kampf, verlässlich und vorsichtig mit unserer Sprache umzugehen, da unsere Sprachsünden Gewohnheit geworden sind. Habe Mut!

Das Standardprogramm

Gottes Standardprogramm für das menschliche Leben beinhaltet Ehe und Kinder, Gesundheit, Produktivität und Vertrauen in Ihn. Keiner von uns passt vollständig in dieses Programm, deshalb gibt es Spezialprogramme wie Single sein, durch Widrigkeiten wachsen und Zufriedenheit trotz Begrenzungen. Wir sind alle behindert. Manche Behinderungen sind offensichtlich, manche verborgen. Manche Behinderungen werden während unseres Lebens geheilt, mache nicht. Wir sollten mit den eigenen Behinderungen und denen anderer sensibel und mitfühlend umgehen. Sei realistisch und suche nach Gottes Sieg in deiner Behinderung. Ermutige und unterstütze andere in ihren speziellen Lebensumständen.

Stereo-Perspektive

Den Sinn Christi zu haben bedeutet, die Wirklichkeit in einer einzelnen Stereo-Perspektive wahrzunehmen. Wir können unsere Lebensumstände und Erfahrungen wie mit einem Mikroskop betrachten. Wir können aber auch die ewigen Verheißungen Gottes wie mit einem Teleskop sehen. Die christliche Perspektive verwendet gleichzeitig das Mikroskop und das Teleskop, und vermittelt uns damit eine echte Stereo-Perspektive. Richte dein Leben nach Gottes Ewigkeit aus und setze gleichzeitig Gottes ewige Verheißungen für dein Leben um. Springe nicht hin und her. Der Heilige Geist gibt unserem Sehen dafür die Tiefenschärfe. Bitte darum und nutze es.

Sünde

Gott ist die ursprüngliche ungeschaffene Wirklichkeit. Alles, was geschaffen ist, ist ein Ausdruck davon, wer Er in Seiner ursprünglichen Form ist. Die Wirklichkeit gemäß unserer eigenen Vorstellungen zu verändern, ist Sünde. Sünde ist, wenn man versucht, Gott zu sein. Gott ist auf den anderen zentriert. Der Teufel wurde selbstzentriert, was Sünde ist. Moses lehrte, „Du sollst nicht stehlen". Jesus lehrte, „Du sollst nicht stehlen wollen". Sünde ist eher eine Einstellung als eine Handlung. Gott ist Liebe. Sünde ist, was sich nicht an Gottes Charakter und Wort anpasst, und was nicht von Liebe motiviert ist. In diesen alternativen Wirklichkeiten ist kein Leben möglich, somit ist die Folge der Sünde der Tod.

Taufbekenntnis

Ich glaube, dass Gott: Vater, Sohn und Heiliger Geist, die Welt und mich erschaffen hat, und dass ich mich nicht selbst geschaffen habe.

Ich habe gegen Gott rebelliert und versucht, mich nach meinen eigenen Ideen und Wünschen zu erschaffen. Diese Selbstschöpfung kann nicht aufrechterhalten werden und ist somit tot.

Ich glaube das Jesus Christus in die Welt kam und am Kreuz starb, so dass ich wieder Leben haben kann.

Ich habe dieses neue Leben mit Dank erhalten und bin entschlossen so zu leben, wie Gott es für mich beabsichtigt, mit Seiner Hilfe.

Theologie

Theologie ist die Lehre von Gott. Wir brauchen Theologen, die Gottes Wort studieren, interpretieren und anwenden, damit wir wissen können, wie wir in Gottes Königreich leben sollen. Die Theologie wird manchmal zum Studium über andere Theologen. Sie kann die akademische Verbindung zum normalen Leben verlieren. Gott ist Liebe. Wenn das Studium der Theologie nicht zu einer größeren Liebe zu Gott und den Menschen führt, hat sie ihren Zweck verfehlt. Das Ziel und der Kern des theologischen Studiums muss immer die Liebe zu Gott und unserem Nächsten sein.

Tod

Tod ist letztendlich Entfremdung oder Trennung. Der Mensch ist ein Bündel des Lebens mit Verstand, Wille, Gefühlen und einem Körper, alles zusammengehalten von einem Klebstoff namens Seele. Wenn du deine Seele verlierst, dann verlierst du diesen Klebstoff und fällst auseinander. Was den Klebstoff klebrig macht, ist das Blut Jesu, das den Menschen reinigt und im Leben zusammenhält. Der körperliche Tod ist eine Trennung der Einzelteile, aber Menschen, die das Blut Jesu haben, werden bei der Auferstehung wieder für immer zusammengesetzt. Wir erleben auch den Tod von Beziehungen, von Vertrauen, Hoffnung und Ideen. Schau auf Jesus für den Sieg über den Tod.

Totale Freiheit = Tod

In unserer Kultur hat Freiheit einen zunehmend höheren Stellenwert als Form, Loyalität, Verantwortung, Verlässlichkeit oder Gehorsam. Der Mensch wurde von Gott nicht für die Einsamkeit oder Unabhängigkeit geschaffen. Wenn wir als Individuen oder Gesellschaften völlig frei werden von unserer Abhängigkeit voneinander, bewegen wir uns in Richtung Entfremdung und Isolation, also Tod. Menschen wollen entsprechend ihrer eigenen Vorstellungen frei sein, aber unsere Vorstellungskraft kann keine Wirklichkeit erschaffen. Wirklichkeit ist, wer Gott ist, was Er tut und was Er will. Freiheit ist lebendig und hat nur im Zusammenspiel mit Form Bedeutung. Gott, hilf uns in den Formen, die Du uns gibst, frei zu sein. Amen.

Traditionen

Traditionen sind sehr wichtig, um sich an Gottes Erlösungsgeschichte zu erinnern, und um sich selbst im Fluss der Geschichte zu erkennen, der größer ist als unser Moment. Künstlerische und kulturelle Ausdrucksweisen entwickeln sich in Traditionen. Wenn Traditionen den ersten Platz in unserem Herzen einnehmen, können sie die Liebe zu Gott und dem Nächsten ersetzen und zu Götzen werden. Der Heilige Geist kann uns dabei helfen, unsere Traditionen zu lieben und von ihnen zu profitieren, ohne sie anzubeten und andere zu verachten. Traditionen sollen Christus und Seiner Liebe für die ganze Welt dienen. Christus ist nicht auf unsere Traditionen begrenzt. Lasst uns demütig sein, damit unsere Herzen und unser Denken in Christus Jesus, unserem Herrn bewahrt werden können.

Unser Ruhmeskranz

Christen freuen sich darauf, eine Krone der Belohnung und des Ruhmes von Gott zu empfangen. In 1. Thessalonicher 2,19-20 zeigt uns Paulus, dass unsere Krone, unser Ruhm und unsere Freude andere Menschen sind. Das Wachstum an Leben und Schönheit in anderen Menschen, das durch unseren Dienst an ihnen geschieht, wird unsere Freude in Ewigkeit in der Gegenwart Jesu sein. Wenn ich deine ewige Krone bin, wirst du dich sehr gut um mich kümmern wollen, mich schützen, polieren und vielleicht ein paar Dellen ausbeulen.

Du bist mein Lohn, und ich bin dein Lohn. Gott hilf uns, das nicht zu vergessen. Amen.

Die unverzeihliche Sünde

Manche Christen befürchten, dass sie die unverzeihliche Sünde, die Lästerung gegen den Heiligen Geist, begangen haben könnten, und nun für immer von Gott getrennt sind. Sünde ist Handeln und Reden, im Grundsatz aber eine Einstellung. Das Lästern gegen den Heiligen Geistes ist die Einstellung, dass Sein Werk böse ist, vor allem Sein Zeugnis von Jesus Christus. Menschen mit dieser Einstellung können nicht umkehren und Vergebung erlangen, weil sie glauben, im Recht zu sein. Wer befürchtet, diese Sünde begangen zu haben, hat es vermutlich nicht, ansonsten wäre es ihm egal. Wer sie tatsächlich begangen hat, ist zufrieden mit sich selbst.

Veganismus

Das Hauptargument des Veganismus richtet sich gegen die Kommerzialisierung von Tieren: Menschen sollten Tiere nicht besitzen, ausbeuten, kaufen oder verkaufen. So zu leben ist nur möglich mit der Unterstützung moderner Technologie bei Transport, Landwirtschaft und Synthetikfasern für Kleidung.

Die vegane Diät gehört dazu. Veganismus schließt den Besitz von Haustieren aus. Die große Frage ist, ob Menschen die Verantwortung haben, sich um die anderen Tiere zu kümmern, wie die Bibel lehrt, oder ob der Mensch wie ein Pflanzenfresser leben soll, ohne Tiere für den Unterhalt der Zivilisation zu verwenden. Für diese Entscheidung ist es wichtig zu wissen, ob die Natur perfekt ist oder zerbrochen.

Vergebung

Vergebung bedeutet, "für etwas zu geben", für die Schuld eines anderen zu bezahlen. Wenn uns jemand verletzt oder über uns lästert, können sie diese Schuld unmöglich bezahlen. Die einzige Möglichkeit liegt darin, dass wir für sie bezahlen, indem wir von der Bank von Jesus abheben, der alles für jeden bezahlt hat. Man sagt, dass Vergebung therapeutisch ist, da sie negative Bindungen abtrennt. Das ist jedoch nicht die Vergebung im christlichen Sinne. Wir brauchen Jesus nicht um uns zu vergeben, damit wir von uns abgetrennt werden. Vergebung bewirkt Heilung und Wiederherstellung von Beziehungen. Wahre Vergebung ist ohne einen Glauben an Gott, der die Vergebung möglich macht, unmöglich.

Vertrauen

Nur Gott ist vollkommen vertrauenswürdig in Seinem Charakter und Seinen Verheißungen. Unsere Vorstellungskraft ist nicht vertrauenswürdig. Wir werden im Großen und Kleinen durch alles und jeden enttäuscht, was uns verletzt und behindert. Zahlreiche psychische Krankheiten lassen sich auf die Unfähigkeit zu vertrauen zurückführen. Vertrauenswürdig zu sein ist ein Weg, Salz und Licht in der Welt zu sein. Vertrauen ist fragil und leicht zu zerstören. Vertrauen in Gott ist heilend. Wenn wir uns beständig vertrauenswürdig zeigen in dem, was wir sagen und tun, vergrößern wir das soziale Kapital unserer Kultur. Vertrauen ist Teil des Königreichs Gottes. Bete und strebe danach.

Vor Gott verstecken

Adam und Eva versteckten sich im Garten zwischen den Bäumen vor Gott. Menschen verstecken sich vor dem Schöpfer in der Schöpfung hinter Wissenschaft oder Evolution. Menschen verstecken sich vor Gott in ihrem Stolz hinter ihren Ansprüchen oder ihrer Opferrolle. Die Menschen glauben, dass sie selbst zwischen Gut und Böse unterscheiden können und dass sie sich selbst für nichtschuldig erklären können. Wir, die wir an Jesus glauben, können uns vor Ihm hinter einer misstrauischen Fassade der Scham verstecken. Wenn wir uns verstecken, können wir keine Vergebung empfangen, geheilt und verändert werden. Lasst uns vor Gott transparent sein und Ihm vollständig vertrauen. Tatsächlich ist Gott unser einzig wahres Versteck.

Wachstumsschmerzen

Gibt es überhaupt Wachstum ohne Schmerz? Wenn wir körperlich, emotional, intellektuell, sozial oder in Heiligkeit wachsen, stirbt das alte Ich und das neue Ich entsteht. Das alte Ich ist vertraut. Das neue Ich ist unbekannt und wir wissen nicht, wie wir sein werden. Wir müssen im Glauben durch das Dunkel gehen, also müssen wir die Hand Jesu ergreifen und dem Licht der Schrift vertrauen. Wenn du Schmerzen hast, suche den Bereich, in dem Wachstum ist. Wenn du ihn findest, bleibt dennoch etwas Schmerz, aber dann hat er Bedeutung und ein Ziel.

Wähle das Leben!

Das Leben ist hart und kompliziert. Der Tod ist leicht und einfach. Wähle das Leben! Wir können den Tod wählen, aber wir müssen nicht. Den Tod erleben wir ganz natürlich. Das Leben jedoch müssen wir erwählen. Leben ist hart, der Tod ist leicht. Unser natürliches Leben geschieht ganz „natürlich", aber unser geistliches Leben (vollständiges Leben) muss von Gott empfangen, und dann erwählt und gelebt werden. Leben ist möglich aufgrund des Todes und der Auferstehung Jesu Christi. Wir können Leben nicht erschaffen. Nur Gott kann Leben schaffen. Wir müssen es bloß von Ihm empfangen. Mach dir leben zur Gewohnheit. Sei dankbar. Gott segne dich.

Wahrheit und Bedeutung

Wahrheit ist nicht gleich Fakt. Wahrheit ist Fakt plus Bedeutung.

Bedeutung bedeutet Beziehung, was heißt, dass nichts und niemand Bedeutung aus sich selbst hat. Nichts, was nur selbstreferentiell ist, hat Bedeutung. Die Bedeutung der Farbe Rot ist nicht die Farbe Rot, sondern ihre Beziehung zu den Farben Blau, Grün, Braun, usw. Die Bedeutung von Adam bei der Schöpfung lag interessanterweise nicht in Adam selbst (es ist nicht gut, dass der Mann allein sei), sondern in seiner Beziehung zu Gott und Eva. Die Bedeutung von Jesus liegt nicht in Jesus, sondern in Seinen Beziehungen zum Vater und zum Heiligen Geist. Wahrheit ist relational.

Wahrheit und Gnade

Manche Menschen unterliegen der Versuchung, Beziehungen dadurch zu verbessern, indem sie die ganze Wahrheit erzählen. Vollkommen offen zu sein und nichts zurückzuhalten mag sich reinigend anfühlen. Aber Gottes Wahrheit besteht nicht nur aus Fakten. Wahrheit führt nur dann zum Leben, wenn sie mit Liebe und Gnade zusammenwirkt. Wenn deine Art, dich zu schnäuzen, wirklich anekelt, dann entscheide ich mich vielleicht aus Gnade, es dir nicht zu sagen. Wahrheit und Gnade arbeiten auf geheimnisvolle Art und Weise zusammen. Wir brauchen Gottes Gnade, um die beste, nichtperfekte Entscheidung zu treffen. Gott hilf uns, langsam im Sprechen und schnell im Beten zu sein. Amen.

Was ist Liebe?

Liebe ist kein Gefühl, Anhängsel oder Appetit. Liebe bedeutet nicht auf sich selbst, sondern auf den anderen zentriert zu sein. Das Zentrum von Jesus ist nicht Jesus, sondern der Vater und der Heilige Geist. Das Zentrum des Vaters und des Heiligen Geistes sind jeweils die anderen beiden Personen Gottes. Jede Person Gottes entleert sich selbst in die anderen beiden, um sie zu versorgen und zu erhalten. Das bedeutet, dass jede Person sich einmal entleert und zweimal gefüllt wird, somit entsteht ein konstantes Wachstum. Liebe ist eine Abfolge von verantwortlichen Entscheidungen und Handlungen, durch die wir die Geliebten ermutigen und ihnen helfen, zu werden wozu Gott sie geschaffen hat.

Was ist mit jenen, die nie gehört haben?

Viele mitfühlende Christen sorgen sich um jene, die nie das Evangelium gehört, die Bibel gelesen oder einen Missionar getroffen haben. Das Grundlegendste, was jemand erkennen muss, um gerettet zu werden, ist, dass er gebrochen ist und Gottes Vergebung und Heilung braucht. Gott spricht zu jedem auf unterschiedlichste Weise: durch die Bibel, das Gewissen, Träume, die Überführung durch den Heiligen Geist. Die Frage ist, wie die Menschen darauf antworten. Im Römerbrief 1 lesen wir, dass niemand eine Entschuldigung hat. Es ist dringlich, den Menschen mehr Gelegenheit zu geben, darauf zu antworten, durch Missionarsarbeit nah und fern. Ermutige zur Armut im Geiste.

Wirklichkeit 1

Wirklichkeit ist wer Gott ist, was Er tut und was Er will. Gott ist ursprünglich und unendlich mächtig, diese Wirklichkeit zu erhalten und uns darin gesund und glücklich zu machen. Wenn wir versuchen, in einer Wirklichkeit zu leben, die von Menschen in der Vergangenheit oder Gegenwart gemacht wurde, imitieren wir die Schlange/den Teufel, der rebellierte und versuchte, seine eigene Wirklichkeit zu schaffen, was zum Tod führte. Eine falsche Wirklichkeit ist für uns attraktiv, weil wir dann dem Mythos glauben, dass wir darin autonom und authentisch sein werden. Gott helfe uns aus Seinem Wort über die Wirklichkeit zu lernen und gebe uns Weisheit und die Kraft das Leben zu wählen. Amen.

Wirklichkeit 2

Wirklichkeit ist wer Gott ist, was Er tut und was Er will. Gott ist die ursprüngliche Wirklichkeit. Er hat das Universum geschaffen, das auch wirklich ist. Er hat dich und mich geschaffen und wir sind wirklich, gemäß seiner ursprünglichen Pläne und Wünsche. Wir werden unwirklich, wenn wir uns von Gott abwenden und uns weigern zu akzeptieren, dass Er unsere Wirklichkeit erlöst und erhält. Der Teufel wurde durch seine Rebellion unwirklich und versucht auch uns in diese Unwirklichkeit hinabzuziehen. Sünde, Verzerrung, Krankheit, Entfremdung und Tod sind alles Unwirklichkeiten, die gegen uns kämpfen, um uns zu zerstören. Wende dich an Jesus und werde wirklich!

Die Wolke der Herrlichkeit

Die Wolke von Gottes Herrlichkeit bzw. Gegenwart taucht in der Bibel immer wieder auf und ist eine Schnittstelle zwischen den natürlichen und übernatürlichen Dimensionen. Die Wolke hilft uns dabei, viele Ereignisse wie den brennenden Busch, den Exodus, den rauchenden Berg Sinai, die Gegenwart Gottes in der Stiftshütte und dem Tempel, den Stern von Bethlehem, die Verklärung, die Himmelfahrt, die Bekehrung des Paulus und die zweite Wiederkunft Jesu zu verstehen. Die Wolke wird erfahren als Feuer, Licht, Dunkelheit oder Stern, aber niemals als Wasserdampf. Die Erfahrung der Wolke scheint im Wachzustand einzutreten und beinhaltet oft eine Stimme. Gott helfe uns, mehr vom Gesamtbild zu erkennen. Amen.

Zeit und Ewigkeit

Eine Matrix ist eine Atmosphäre, in der Dinge geschehen. Wasser ist die Matrix von Tee, Luft ist die Matrix von Schall, Cyberspace ist die Matrix von E-Mails. Die Matrix von Ereignissen im Raum ist Zeit. Die Matrix von Ereignissen außerhalb des Raums ist Ewigkeit. Ewigkeit ist nicht unendliche Zeit. Es ist eine andere Matrix. Jeder Zeitpunkt ist sichtbar von jedem Punkt der Ewigkeit. Deshalb ist Prophetie möglich. Wir können mit der Ewigkeit in Verbindung treten durch Gebet und andere Wege. Wenn Jesus wiederkommt, werden Zeit und Ewigkeit in Gottes Königreich auf der neuen Erde verschmelzen. Möge Gott uns helfen, von Seiner Perspektive der Ewigkeit zu sehen. Amen.

Zusätzliche Gebote

Du sollst:

      Spaß haben – Spektakel
      die Sau rauslassen
      mit dem Strom gehen
      dich selbst zum Ausdruck bringen
      ein positives Selbstbild haben
      Spaß im Leben haben
      glücklich sein
      deine Gefühle entdecken
      natürlich sein.